LES ORIGINES

DE LA

RÉVOLUTION

—

Discours prononcé par le F∴ D. BANCEL, à la Fête solsticiale et de
famille de la L∴ *le Progrès*, O∴ de Paris, du 14 mars 1869.

Sceaux. — Typographie de E. Dépée.

LES ORIGINES

DE LA

RÉVOLUTION

PAR

D. BANCEL

———✦———

PARIS

Bibliothèque libérale

DEGORCE-CADOT, ÉDITEUR

70 BIS, RUE BONAPARTE, 70 BIS.

DISCOURS DU F∴ BANCEL.

(Le frère Bancel, en se présentant devant l'estrade, est accueilli par de chaleureux applaudissements.)

Mes Frères,

Je ne prends pas pour moi ces applaudissements. Je les adresse et je les fais remonter à notre mère glorieuse et féconde, à la Révolution de 89 et de 92 ; mère non-seulement de la France moderne, mais du monde contemporain.

Je me propose aujourd'hui d'esquisser d'un crayon rapide, inégal, les origines de ce magnifique mouvement d'idées.

Je définis la Révolution par ces mots : elle a été l'avénement de la justice dans l'ordre religieux, dans l'ordre social, dans l'ordre politique. Le monde entier est enfermé dans la Révolution. C'est d'elle qu'on peut dire : *In hoc movemur et sumus.*

Beaucoup d'histoires ont été écrites, une foule d'écoles se sont élevées les unes après les autres, essayant de formuler la synthèse du mouvement de 89. La première, c'est l'école fataliste, ayant pour chef ce génie flexible, insinuant, M. Thiers ; elle renouvelle, sous une autre forme, l'école providentielle de Bossuet ; elle adore résolûment la cause triomphante, et déserte, avec un courage que j'admire, la cause du vaincu. Elle eût couronné Jules César ; elle eût renié Brutus et Caton.

La deuxième, l'école des romanciers, avait pour chef un grand poëte, M. de Lamartine, dont la vie a eu tant d'éclat, et dont la mort, hélas ! a fait si peu de bruit. (*Applaudissements.*)

La troisième, et la plus étrange, s'appelle l'école néo-catholique, représentée par des hommes dont je respecte les convictions sans partager leurs chimères, par **MM.** Buchez et Roux, qui veulent faire sortir, comme une conséquence de sa cause, la Révolution du catholicisme. Cette vue de l'histoire est la plus fausse de toutes. Non, la Révolution n'est pas une conséquence du catholicisme romain, elle en est l'abolition morale et politique.

Entre le concile de Trente et la Constituante, il y a un abîme que nulle rhétorique ne parviendra à combler.

La quatrième école, c'est l'école systématique ; elle se propose de renfermer dans le giron d'une idée tous les événements de l'histoire ; elle a pour chef un banni, un homme éloquent et courageux, Louis Blanc, esprit acéré, âme haute. Il est à ce point curieux de vérité et sincère dans ses recherches laborieuses, que le dixième volume de son histoire contredit les premiers ; et s'il entre dans les annales de la Révolution armé d'un système, il en sort revêtu de l'armure de la vérité et de la liberté. Les défaites de la Révolution lui ont appris le secret de ses victoires, et l'échafaud de

Robespierre lui a fait mesurer la sinistre hauteur de celui de Vergniaud, de Danton et de Camille Desmoulins.

Enfin, il y a l'école philosophique dont les représentants sont :

Michelet, au style pittoresque, ému, ardent, et mon maître, Edgard Quinet, l'exilé de Veyteaux, dont je ne prononce jamais le nom sans lui accorder un souvenir fidèle d'admiration, d'amitié et de respect. (*Applaudissements.*)

Mais l'un et l'autre se sont trompés sur plusieurs points. Je reproche à l'histoire de Michelet d'avoir, en quelque sorte, décapité la Révolution de ses grands hommes, d'avoir fait ressortir l'action collective des masses sans respecter suffisamment l'action des individus. — Je reproche à mon maître de ne s'être pas rendu un compte suffisant des formidables difficultés, des orages, des tempêtes au milieu desquels nos pères ont vécu.

Mais alors, me direz-vous, quelle est ton école à toi ? De quel système relèves-tu ? A quel parti historique entends-tu appartenir ? Je relève du système de la justice ; je suis de l'école du droit ; je n'appartiens, en histoire, à aucune secte, à aucune communion, à aucune politique personnelle ; j'entends être devant vous le libre interprète de la parole nationale et du génie de la France. Je ne suis ici ni Girondin, ni Montagnard, ni Maratiste, ni Hébertiste. Aucun de ces hommes, aucun de ces partis n'enferme en soi la Révolution française : elle va plus haut dans l'idéal, elle plonge plus profondément dans le sol ; elle étend ses ailes palpitantes, et sous ses ailes, elle abrite non-seulement les peuples qui sont nés, mais les peuples à naître. Elle contient plusieurs âges qui iront s'engendrant, se développant sans cesse. Je cherche donc et j'interroge les vœux généraux, universels de 89 et de 92. Où les trouverai-je ? Au club des Jacobins ? Non. Au club des Cordeliers ? Non. Au club des Feuillants ? Pas davantage. Je les trouverai dans les cahiers de nos aïeux, où je vois tomber goutte à goutte les larmes de la pauvreté, de la misère, de l'oubli, de l'injustice et

1.

de l'ignorance qui cherchent à s'affranchir et à s'éclairer. Là, je surprends le premier soupir du Droit, le premier cri de Liberté.

Consultez les cahiers des bailliages ; ils ne sont pas morts, ils vivent, ils parlent, ils frémissent chaque jour de plus en plus. Leur âme est immortelle, leur poussière est féconde.

Quel magnifique spectacle la France a donné en ce temps-là au monde ! Les divisions de castes et de classes qui nous affligent aujourd'hui, nos aïeux ne les connaissaient pas ; les cahiers des bailliages et de la noblesse demandent presque unanimement, revendiquent les mêmes droits, les mêmes libertés.

En premier lieu, ils réclament LA LIBERTÉ DE CONSCIENCE.

Quels sont, sur ce point, les ancêtres de la Révolution ? Je laisse de côté l'antiquité pour ne pas allonger ma thèse. — La liberté de conscience a eu dès longtemps ses confesseurs et ses martyrs. Elle a commencé à naître aux premiers jours du christianisme. Mais bientôt, à cette aurore du droit, a succédé la nuit du catholicisme romain. De ce jour on peut dire de la liberté de conscience qu'elle a été l'éternelle proscrite, l'éternelle persécutée, l'éternelle martyre, l'éternelle exécutée. (*Applaudissements.*)

A partir du temps de Grégoire VII, pendant les huitième, neuvième, dixième et onzième siècles, liberté de conscience, où es-tu ? La papauté règne, gouverne, domine, non-seulement les peuples, mais les rois. La théologie est souveraine, la philosophie est servante, la raison humaine est esclave ; l'homme d'Eglise, seul, vit et respire ; le reste est un néant, car la vie de l'âme et de la pensée est la véritable vie ; je n'en connais pas d'autre.

Au douzième siècle, pour la première fois depuis huit cents ans, voici que la liberté de conscience s'éveille. A côté de la théologie, la philosophie réclame ses droits ; elle était servante, elle va devenir égale, et bientôt maîtresse à son tour. Ce mouvement, je le dis avec orgueil, est parti de Paris. Les paroles d'affranchissement sont tombées de la bouche d'un jeune homme éloquent, beau, courageux, d'Abeilard ; elles ont retenti sur l'ancienne montagne Sainte-Geneviève. Plus de 6,000 auditeurs se nourrissaient chaque jour de la manne et du sel de sa parole. Il proclamait cette maxime féconde : « Les actions sauvent les hommes, sans la grâce. » Par là, il désertait la doctrine de saint Augustin, où le moyen âge tout entier agonisait.

Abeilard n'était pas un prêtre, c'était un laïque. Il fut combattu par le clergé, par saint Bernard ; « une idée plutôt qu'un homme, » a dit justement Michelet. Vous savez qu'il succomba dans ce duel, mais sa doctrine n'est pas morte avec lui ; elle est ressuscitée ; elle s'est agrandie, elle s'est répandue dans le temps et dans l'espace. De nos jours, elle a animé ce cœur indomptable qu'on appelait l'abbé de Lamennais, tandis que l'âme de saint Bernard passait dans l'âme de Bossuet, et plus tard dans l'implacable et sophistique esprit du comte Joseph de Maistre ; Ainsi se nouent, à travers les âges, l'alliance des amants de la liberté et la chaîne des amis de la servitude. (*Applaudissements.*)

Et maintenant, que dirai-je de cette France, de ce Paris du douzième siècle ? Athènes du moyen âge, elle était la nation éclairante. Paris, l'œil rayonnant du genre humain, on y venait pour y recueillir toutes les lumières ; ce n'était pas, comme de nos jours, une auberge des rapides et énervants plaisirs. (*Applaudissements.*) C'était un temple, *templa serena.*

Aux treizième et quatorzième siècles, pèlerine infatigable et navrée, la liberté de conscience continue sa route. J'évoque ses martyrs : Lève-toi devant nous, Jean Huss, et dis-nous ce que tu as fait : « J'ai refusé de confesser contre ma raison que j'avais tort ; et pour cela, d'un cœur tranquille, j'ai embrassé la mort. » Et toi, Jérôme de Prague, qu'as-tu fait ? « Moi, j'ai pendant quarante jours été tenu au secret dans la prison de Constance, le Mazas du Concile ; on espérait que j'en sortirais désarmé de mes facultés, j'en suis sorti plus vaillant, plus éloquent que jamais, et Pogge l'historien dira : « Il parut devant ses juges, avec un geste noble, une parole abondante, non-seulement affrontant et dédaignant la mort, mais la désirant; vous eussiez dit Caton. » (*Applaudissements.*)

Au seizième siècle, le dur et sanglant voyage se prolonge dans le sang des guerres religieuses et des massacres de la Saint-Barthélemy.

Au dix-septième siècle, Louis XIV révoque l'édit de Nantes, ce monument de la sagesse de Henri. Venez, mes FF.·., je vous servirai de guide, je connais ces chemins. Allez en Belgique, en Hollande, allez au foyer de la vieille et libre Angleterre, partout vous trouverez des témoignages de ce que valait, au dix-septième siècle, l'élite des bannis de la France.

L'exil ne découragea aucun d'eux et ne versa dans leur âme aucune amertume. Loin de ce pays adoré, ils se promirent de le revoir un jour, quand ils pourraient le servir avec honneur. Plusieurs sont morts auparavant, mais leurs enfants sont revenus, et les nôtres reviendront un jour s'asseoir à la table de ces banquets hospitaliers, d'où l'on peut laisser exhaler de son âme le cri longtemps comprimé d'amour pour la France et d'adoration pour ses anciens droits. (*Applaudissements.*)

Révolution française, voilà donc tes origines au point de vue de la liberté de conscience. Mes amis, voilà nos aïeux. Les autres ont les tyrans, nous, nous avons les peuples ; les autres ont la lueur du bûcher, nous, nous avons la lumière des idées ; ils ont la torture, le couperet, le billot et la hache, nous, nous avons le livre. Ils s'appellent Torquemada, Charles IX, Philippe II, Louis XIV ; nous, nous nous appelons Abeilard, Voltaire, Montesquieu, J.-J. Rousseau, Diderot. (*Applaudissements.*)

Je m'en tiens à ma part comme eux à la leur, et, pareil à Socrate, je trouve que tout est dans l'ordre.

Quel est le deuxième vœu de la Révolution française?
Il découle du premier : TOLÉRANCE UNIVERSELLE ET LI-
BERTÉ DES CULTES. L'antiquité n'a connu ni le mot ni la
chose. On a commencé à les réclamer au seizième siècle,
par ce sceptique charmant (si on pouvait être charmant
étant sceptique), par cet érudit délicat, ce doux égoïste,
cet Erasme du château d'Eyguem, Michel Montaigne; et
par ce grand cœur, puissant, aimant, humain, Rabelais,
l'auteur quasi divin du Gargantua et du Pantagruel,
le Rabelais éloquent et indigné, s'écriant devant les bû-
chers de Dolet et de Berquin : « Leurs juges, ces chats
fourrés, ces tigres, tuent, brûlent, écartèlent, extermi-
nent sans distinction de juste et d'injuste. » A côté de
Rabelais et de Michel Montaigne, voici qu'au sein des
guerres religieuses, la trêve étant conclue, les protestants et les catholiques jetaient bas leurs armes et al-
laient s'embrassant. François de la Noüe en pleurant
raconte cette histoire. Et auparavant Michel de l'Hos-
pital : « Otons, avait-il dit, ces mots diaboliques, noms
de partis, factions et séditions : luthériens, huguenots,
papistes. Ne changeons le nom de chrétien. » Souvenez-vous que ce magistrat à barbe blanchie, à main-

tien grave, aux mœurs austères, le Caton de la France suivant Brantôme, était surtout jaloux de limiter les droits du Parlement : « Vous êtes juges du pré et du champ, non de la religion ni de la conscience des ci-toyens ! »

Au dix-huitième siècle, de combien d'acclamations la liberté de conscience, la tolérance, la liberté des cultes ont été couvertes ! Buffon, Montesquieu, Vol-taire, Mably, aspirèrent à doter la France de ces ines-timables bienfaits. Et vous, maintenant, vous croyez peut-être que vous les possédez ? Vous n'en avez que l'ombre. Ah ! que les mots retentissants ne rempla-cent pas pour vous l'absence des choses ! Non, Fran-çais ; non, mes compatriotes, mes amis, vous n'avez pas la liberté de conscience, vous n'avez pas la tolé-rance religieuse. D'où viennent, en effet, ces procès si nombreux intentés, sous tous les régimes, à la pensée humaine ? Si vous aviez la liberté et l'égalité des cul-tes, pourquoi l'expédition romaine ? Si Luther régnait à Rome, pensez-vous que les fusils *Chassepot* eussent fait merveille ?... (*Applaudissements prolongés.*)

Que faut-il donc pour ajouter une page au livre si admirable des origines religieuses de la Révolution française? Il faut résolûment vouloir et conquérir la séparation pure, radicale et absolue de l'Eglise et de l'Etat. (*Applaudissements.*) Il faut vouloir et conquérir l'instruction primaire gratuite et obligatoire (*Nouveaux applaudissements*) et, alors, soyez tranquilles, nous pourrons plus tard accorder ce qu'on appelle la liberté de l'enseignement supérieur. Nous ne risquerons rien ; il ont leurs hommes et nous avons les nôtres. Ils enseignent au nom de saint Bernard, de Loyola, de Bossuet, du cardinal Fleury, et du révérend père Loriquet !... Leurs journaux se nomment?... Je ne peux pas devant ces dames prononcer certains noms. (*Rire général.*) Eh bien! nous avons nos maîtres aussi, je ne les dirai pas tous; il y en a ici qui m'écoutent. (*Bravos.*)

Nous avons les protestants du dix-septième siècle, nous avons les philosophes du dix-huitième. Est-ce que vous pensez que le dix-neuvième est à jamais déshérité, et que la race des libres-penseurs a disparu sous les fourches de l'absolutisme ? Michelet, Quinet, Lamennais, Littré, et les élèves de l'École normale dont je vois ici un des représentants les plus modestes et les plus courageux ! Et je jure par le souvenir de la Convention qui a créé cette école, pépinière des esprits, je jure que tous ses fils seront dignes de son viril enseignement, et répandront partout les lumières de la science, de la philosophie et de la fraternité universelle ! (*Applaudissements prolongés.*)

La jeunesse est avec nous, la jeunesse, c'est-à-dire l'espérance ! (*Acclamations.*)

Que craignez-vous ? Liberté absolue ; voilà ma loi. Je suis de ceux qui n'ont jamais peur de la liberté. (*Applaudissements.*)

Quel est le troisième vœu de la Révolution ? Je me hâte et je marche à grands pas ; imitant de loin Montesquieu, j'écarte beaucoup de choses, afin d'arriver plus vite au but. — Ce troisième vœu, je ne sais si j'ai besoin de prononcer son nom, car il est dans les cœurs, dans les habitudes, dans les mœurs, j'étais sur le point de dire dans les défaillances transitoires de la France : c'est L'ÉGALITÉ CIVILE.

Quels sont ses ancêtres? Les pauvres, les misérables, les déshérités, les prolétaires. L'ancien régime a vu défiler, durant de longs siècles, leur foule lamentable.

Je sais qu'on a coutume de dire dans certaine école : l'ancien régime, c'était le régime chevaleresque, le temps de l'héroïsme, le bon temps,

« Le bon tems qu'est-il devenu?
« Jehan; il n'en est plus nouvelles. »

Comment s'est-il évanoui, et quel était son caractère? Voulez-vous consulter une autorité qui ne soit pas suspecte (je respecte toutes les autorités..., à la condition de pouvoir les combattre). (*Rires approbatifs.*)

— Cette autorité, c'est celle de **M. Duruy**. On ne s'attendait guère à voir **M. Duruy** en cette affaire. (*Sourires.*)

Il a écrit, à l'usage des jeunes personnes et de messieurs les élèves des lycées impériaux, un livre intitulé : *Histoire de France*. Déjà ancien, ce livre a été revu, corrigé, expurgé, discipliné, enrégimenté. Mais il y déclare, en termes explicites, que le régime d'avant 1789 pouvait se définir d'un seul mot : inégalité. Inégalité entre les hommes, entre les choses, entre les provinces, entre les justices. Il y avait le droit de Toulouse, le droit de Grenoble, le droit de Rouen (et quel droit, celui-ci, un droit normand !) Sous un semblant d'égalité, le pied de la loi posait sur la poussière solide de la servitude nationale. En analysant les inégalités dont la France était surchargée, le ministre cite l'exemple suivant que je vous recommande, Mesdames : En ce temps-là, pour le même délit que je ne nomme pas, commis en commun par la marquise de Courcelles et un roturier appelé Rostain, la marquise fut condamnée à une très-douce captivité de deux ans, dans un couvent à règle complaisante, et le vilain, son complice, à être pendu, et étranglé préalablement.

Quant aux inégalités de province à province, épargnez-moi de vous les raconter.

D'où viens-tu donc, Révolution française, au point de vue de l'égalité civile ?

Mes FF.·., il y a six mois, le 4 août, je me trouvais en Suisse, dans cette belle ville libre, française à moitié, Genève, la Florence calviniste, au bord de ce lac qui réfléchit le bleu du ciel et la blancheur des neiges ; je voyais, du côté de la Savoie, le vieux Mont-Blanc, ce géant des Alpes ; à l'extrémité du lac, des sommets chargés de brumes... et je songeais, abîmé dans je ne sais quel rêve de l'infini. Je me disais : « Pendant les nuits d'hiver, la neige tombe silencieuse, s'amasse lentement au sommet des montagnes et les charge d'une couronne de blancheur et d'immobilité. Puis tout à coup, un vent venu des contrées inférieures souffle sur cet amas qui fait ressembler le Mont-

Blanc au Soracte d'Horace. Alors la neige s'ébranle, l'avalanche se précipite ; elle extermine, détruit, extirpe les promesses de l'avenir. »

Eh bien, la Révolution française est pareille à cette avalanche : elle se précipite du sommet des iniquités humaines, de ces hautes cimes de douleur habitées par les Bagaudes, les Jacques et les Pastoureaux. Mais ce en quoi elle diffère de l'avalanche alpestre, c'est qu'au lieu de détruire, elle fonde ; au lieu d'exterminer elle crée ; et, sur les ruines d'un monde qui veillit, elle bâtit un monde nouveau de justice, d'équité, de vérité, de travail et d'honneur. (*Bravos.*)

Comment l'a-t-elle bâti ce monde, où a-t-elle emprunté sa puisance fondatrice ?

Elle l'a bâti et cimenté par son quatrième vœu, le plus grand de tous et le plus nouveau dans le monde. Il s'appelle d'un nom que j'aime à glorifier et dont je dirai tout à l'heure les conséquences prochaines et fécondes.

Ce vœu, c'est LA LIBERTÉ POLITIQUE ! non pas comme on l'a dit souvent, la liberté civile, sociale, mais LA LIBERTÉ POLITIQUE.

Où rencontrerai-je les ancêtres, les origines de ce vœu capital de nos pères ?

On m'avait appris au collége, et à vous aussi, n'est-ce pas ? qu'Athènes, Sparte, Rome, étaient libres. Le *De viris illustribus Romæ*, Plutarque, Tite-Live, Salluste... O souvenirs de Trasybule, des Junius Brutus et des Gracques ! Poésie de l'histoire, ô transfiguration... Eh bien, Athènes, Sparte et Rome n'ont pas connu la liberté. Peut-on appeler pays libre une contrée dans laquelle 40,000 citoyens jouissent du travail de 400,000 esclaves ? Peut-on appeler pays libre une nation comme Rome où pendant plus de 700 ans, malgré tout ce que la république a produit de gloire et amassé de grandeur, deux peuples ennemis, de race opposée, sont là face à face ; ici la plèbe, là les patriciens ; la plèbe sans cesse opprimée, ruinée, rongée par l'usure des chevaliers ; les patriciens de jour en jour plus insolents, et plus infatigables à l'assaut des dignités, des honneurs et de la fortune ? Peut-on appeler liberté ce qui en restait au temps de Marius, de Sylla, de Pompée, de Jules César ? Ah ! lorsque paraissent dans l'histoire ces prétendus sauveurs, les armes à la main, instaurant au milieu des ruines de la patrie, sur les débris des lois, ce qu'on appelle la dictature militaire, ce jour-là c'en est fait non-seulement de la liberté, de la dignité, de la justice, mais de la nationalité et de l'avenir. *(Bravos et applaudissements répétés.)*

Nos pères ont voulu la liberté politique. Leurs aïeux du seizième, du dix-septième et du dix-huitième siècles, avaient donné le signal ; ils avaient, si je l'ose dire, sonné la diane des idées émancipatrices de l'univers. Voulez-vous savoir leurs noms ? Mes souvenirs en sont chargés, mon cœur en est rempli.

Au seizième siècle, Bodin, l'auteur royaliste de la *République*, Hofmann, Charron et ce jeune ami de Michel Montaigne, mort sitôt, La Boétie, laissant le Traité de la servitude volontaire, sillon lumineux de son rapide passage. En ce temps, on comprenait que la plaie inguérissable, jamais cicatrisée, c'est la plaie interne, et la blessure de l'âme; on savait que la liberté peut être apparente et la servitude effective; on savait que le poids qui pèse le plus lourdement sur les épaules des peuples avilis, c'est le consentement qu'ils donnent à la dictature dont ils sont la proie (*Bravos.*) On savait que les insolences de la force ne durent dans le monde que par la bassesse et la complaisance des volontés. (*Bravos.*) On savait, permettez-moi ces paroles, que les peuples sont complices de leur tyran. (*Bravos.*) La Boétie disait : « Je ne vous demande pas de le renverser, je ne vous demande même pas de l'ébranler pour qu'il tombe, je vous demande seulement de ne pas le servir. » Et alors vous verrez ce colosse aux pieds d'argile crouler de lui-même sur sa base de sable. (*Applaudissements.*)

La liberté politique a été le vœu primordial de la Révolution.

Chez les anciens, le mot *liberté* signifiait indépendance nationale. L'idéal de nos pères a été bien plus grand. La liberté, pour eux, était non-seulement celle de la France, elle était celle du monde. L'indépendance nationale! Est-ce que vous avez oublié comment ils l'ont défendue? L'autre jour, en un pays voisin, je prononçais des paroles que je vous demande la permission de répéter ici. « Les hommes de 1792, disais-je, les va-nu-pieds superbes de la Convention ont montré aux rois coalisés ce que peut la France armée au nom du droit. Alors, ô mes amis, la République est sortie comme une nouvelle Minerve, armée, casquée en guerre, du front de ce Jupiter moderne qu'on appelle le Droit des peuples ; alors, elle a été l'épée étincelante qui a repoussé les ennemis de la Révolution et préservé la virginité française. Qu'ils osent y revenir, je leur promets de terribles revanches. » (*Vive approbation.*)

Un dernier mot. Aussi bien ces souvenirs m'émeuvent à un point que mes forces ne suffiraient pas à les évoquer plus longtemps.

La liberté politique n'est pas seulement votre patrimoine du passé, du présent et de l'avenir, elle est bien plus, elle est votre devoir. Pour moi, elle est mon espérance.

Les étrangers aussi ont droit à la reconnaissance française. Ce n'est pas seulement le dix-huitième siècle français et les siècles antérieurs qui ont préparé en Europe l'avénement de la liberté politique. Frappez à la porte des institutions anglaises. Souvenez-vous des Provinces-Unies de la Hollande ; remettez-vous en mémoire les combats héroïques des communes flamandes ; et puis, si j'ose le dire, embarquez-vous avec moi, traversons l'Atlantique et allons saluer l'Amérique et son indépendance naissante. Dix ans avant 89, elle a consacré, dans l'acte d'Union, les doctrines de Locke et de Rousseau.

Fille des Anglo-Saxons, l'Amérique a répété et réalisé les maximes du droit, édictées par Locke ; elle s'est appliqué à elle-même les fortes paroles de ce publiciste : « Les peuples conquis conservent jusqu'au dernier jour leurs droits, leurs mœurs et leurs armes contre leurs conquérants. »

Et maintenant, consultez les Grotius, les Pufendorf, les Beccaria, assemblez comme en un concile les plus grands esprits du monde, tous ceux qui ont souhaité, appelé, préparé la liberté politique, et ils vous diront comme nos pères : La Révolution ne ressemble pas à l'antiquité ; elle ne proclame pas seulement, à l'exemple de Sparte, les droits du citoyen lacédémonien, à l'exemple de Solon, les droits du citoyen d'Athènes ; à l'exemple de la loi des Douze Tables, de Cicéron et de tant d'autres, les droits du citoyen romain ; elle ouvre cette charte qu'on appelle les droits de l'homme, et elle prend pour modèle ce magnifique idéal entrevu par Platon, dominé, éclairé, gouverné à jamais par le droit et par la justice. Elle convie tous les peuples à l'amour, elle commence par les aimer tous, tous, même ses ennemis !

Oui, l'aurore de la Révolution a été pacifique, libérale. En ce temps, nos pères ne connaissaient pas ces horribles alliances de mots : despotisme démocratique, liberté césarienne. Ils ne connaissaient pas davantage *les libertés nécessaires.* Ils disaient : la liberté, comme ils disaient : Dieu. La liberté ne souffre pas de pluriel ; elle est ou elle n'est pas ; une et indivisible, comme la République. (*Applaudissements.*)

Ils ajoutaient enfin par l'organe d'un des présidents de la Convention : « Ce n'est pas seulement devant la France que nous sommes responsables de la Révolution, nous en avons la responsabilité devant l'Europe. »

Eh bien, moi, je m'adresse à vous et je vous dis : La France n'est pas responsable de sa politique seulement devant elle-même, elle l'est devant l'humanité. Le jour où le flambeau de la France s'éteindrait, quelle nuit dans l'univers ! Le jour où l'espérance disparaîtrait des cœurs français, quel immense désespoir dans le monde ! Le jour où nos héros couchés sur les champs de bataille auraient le droit de nous demander : Qu'avez-vous fait de nos conquêtes ? Ah ! ce jour-là, quel dédain, quel juste et légitime mépris pour leurs indignes héritiers !

Encore un mot, et celui-là sort des entrailles les plus profondes de ma conscience et de ma raison.

On parle beaucoup de démocratie depuis dix-sept ans... Je suis un soldat de cette idée. Mais entendons-nous, je vous en conjure. Qu'est-ce qu'une démocratie sans liberté de parole, sans liberté de la presse, sans liberté de réunion, d'association ? C'est une des formes de la servitude, et la pire peut-être. Je veux, quant à moi, d'un vouloir indomptable, non pas les libertés octroyées, mais les libertés conquises. (*Bravos.*) J'en ai assez de la bonne grâce du Prince, je veux enfin l'indépendance des peuples. Tant que, dans l'Europe, il y aura des nations courbées sous les verges, foulées, déchirées, éventrées, des droits violés, la justice méconnue, tant que sera effacée la mémoire des aïeux et arrachée du palais la langue nationale des enfants, tant que cela durera sous le soleil (sans parler des autres douleurs plus intimes qui poignent ma conscience), la Révolution sera permanente. Elle ne disparaîtra, si elle disparaît jamais, que le jour où la France pourra dire : « Je parle, donc je suis. Oui ! je suis la descendante de Descartes. »

Et toi, Paris, toi dont les représentants les plus honnêtes et les plus braves m'écoutent ce soir, souviens-toi de la parole du poëte :

> Nul ne sait, question profonde !
> Ce que perdrait le bruit du monde,
> Le jour où Paris se tairait...

Paris ne veut pas se taire, Paris veut parler; il comprend que la parole est l'émancipatrice de toutes les idées, qu'elle est la faiseuse de la justice, la revendicatrice du droit. Paris comprend que son verbe est fécond, créateur, qu'il est le *fiat lux*, le libérateur du monde, le tocsin de la justice, le clairon des idées. Il vous parlera tout à l'heure; il parle depuis six ans. Nous parlerons aussi, nous monterons aux tribunes populaires, et nous verrons recommencer cet embrassement magnifique, fraternel, sublime, de 1789. Nous restaurerons dans Paris, dans la France et dans le monde, l'ère sacrée des Fédérations. Nous extirperons la guerre entre les peuples et les classes, et alors, le travail et la richesse étant le produit de la liberté alliée à la justice, ceux qui rêvent le bonheur immédiat prendront patience encore, disant : Nous sommes les fils de la grande nation et les confesseurs du droit moderne. (*Applaudissements et bravos répétés. Vive Bancel ! Vive Bancel !*)

Sceaux (Seine). — Typographie de E. Dépée.

IMPERIAL.
TIMBRE
IMPERIAL.
TIMBRE